Made in the USA
Las Vegas, NV
01 November 2020

10503359R00068